Ursula Ritter

Wir basteln für Weihnachten

CHRISTOPHORUS
BRUNNEN-REIHE

Inhalt

Rund um Weihnachten

Zur Advents- und Weihnachtszeit gehört die Vorfreude auf das Fest und das gemeinsame Basteln. Die selbst gestalteten Fensterbilder und Tischdekorationen schmücken die Wohnung fröhlich und festlich zugleich. Da tollen lustige Schneebälle am Fenster herum und kleine Teddys dekorieren ihren Weihnachtsbaum. Für Ihren Christbaum sind auch viele Vorschläge dabei, zum Beispiel Spitztütchen, in denen man ein kleines Geschenk unterbringen kann, oder Glocken mit lustigen Teddymotiven.
Und sind alle Dekorationen gemacht, ist „Geschenke-Verpacken einmal anders" angesagt: Wie wärs mit einer originellen Verpackung als Kerze oder als Weihnachtsmann? So wird das Geschenk noch individueller. Eine ganz besondere Aufmerksamkeit für den Beschenkten ist es, wenn das Bastel-Papier selbst gestaltet wurde. Ich zeige Ihnen verschiedene Techniken, die mit Kindern leicht zu verwirklichen sind und die Spaß machen: „Das habe ich für dich gemacht" – schöner kann Schenken und Beschenktwerden nicht sein.

Ich wünsche Ihnen und Ihren Kindern viel Freude beim Basteln
und ein frohes Weihnachtsfest!

Ihre Ursula Ritter

Hinweise & Tipps

Das Material

Die meisten Motive in diesem Buch sind aus verschiedenen Papieren gearbeitet. Im Fachhandel erhalten Sie eine breite Auswahl an Bastelpapieren: Fotokarton, Tonpapier, Bastel-Wellpappe, unifarben oder mit Sternchen, Sternchen-Karton, Moonrock, Passepartoutkarten.
Für selbst gestaltete Papiere brauchen Sie Reste von Raufasertapete und Butterbrotpapier. Für die Ausschmückung der Motive eignen sich selbstklebende Sterne oder Paillettensterne.

Vorlagen übertragen

Auf dem Vorlagebogen sind alle gebastelteten Motive in Originalgröße abgebildet. Zum Übertragen Kohlepapier zwischen Vorlage und Werkmaterial legen und das Motiv mit einem harten Bleistift direkt durchpausen.

Schablonen herstellen

Architektenpapier bzw. dünnes Offsetpapier auf den Vorlagebogen legen und das Motiv nachzeichnen. Dann das Papier mit einem Klebestift flächig auf dünnen Karton kleben und ausschneiden. Die entstandene Schablone auf das Werkmaterial legen und die Umrisse nachzeichnen.

Ausschneiden

Die Umrisse der aufgezeichneten Motive mit einer Papierschere, feinere Arbeiten mit einer kleinen, spitzen Schere (Silhouetten- oder Nagelschere) oder mit einem Cutter ausschneiden. Bleistift- oder Pauslinien immer mit wegschneiden. Kinder schneiden mit einer Bastelschere, deren Enden abgerundet sind.

Kleben

Für Papierarbeiten eignet sich ein Alleskleber, z. B. UHU Alleskleber oder UHU flinke flasche. Für das schnelle Anbringen von Aufhängekordeln, Kleinteilen usw. ist die Klebepistole LT 110 von UHU zu empfehlen. Sie arbeitet mit niedrigerer Temperatur als die üblichen Heißklebepistolen und kann auch von Kindern unter Aufsicht gut bedient werden. Die Arbeit mit der Klebepistole erspart das Warten, bis der Klebstoff trocknet, denn die verklebten Teile halten sofort zusammen. Dafür muss man die Teile schnell zusammenfügen, sonst ist der Klebstoff erkaltet.
Für das Aufkleben von Seidenpapier und Geschenkseidenpapier auf die Styroporformen von Seite 12 bis 15 wird Serviettenkleber („Art Potch", „Decoupage", „Mod Podge", „Patio Paint", „UHU Servietten-Technik Lack") verwendet.

Hilfsmittel und Werkzeuge

Folgende Hilfsmittel und Werkzeuge werden immer wieder benötigt: Kohlepapier oder Architektenpapier, Karton für Schablonen, Bleistifte (H, B), weicher Radiergummi, Papierschere, Silhouettenschere, Bastelschere für Kinder, Lineal, Falzbein, Cutter mit Schneideunterlage, Motivlocher, Klebstoff.

Weitere Hilfsmittel

Bei einzelnen Techniken werden zusätzlich noch diese Materialien und Hilfsmittel eingesetzt:
Wachsmalstifte, Bleistiftspitzer, Bügeleisen, Deckfarben mit Wasserglas und Pinsel.

Karte & Anhänger

Material

- Passepartoutkarte in Blau oder selbst geschnittene Karte aus Fotokarton
- Fotokarton in Blau, Rot
- Tonpapier in Gelb
- Rest von Raufaser-tapete
- Wasserfarben in Rot, Blau, Gelb, Violett
- Pinsel
- dünne Goldkordel
- selbstklebende Sterne in Silber

Vorlage A

Papier gestalten

1 Raufasertapete auf die Größe eines DIN A4-Blattes zuschneiden.

2 Die Tapete mit dem Pinsel leicht anfeuchten, die verschiedenen Farben tupfend auftragen und trocknen lassen.

Karte

1 Das gestaltete Papier etwas kleiner als das Kartenformat zuschneiden und den Ausschnitt damit hinterkleben.

2 Die Karte mit selbstklebenden Sternchen verzieren.

Geschenkanhänger „Weihnachtskugel"

1 Die äußere Form nach der Vorlage aus Fotokarton, die innere aus dem gestalteten Papier schneiden und aufeinander kleben.

2 Oben eine Schleife und ein Aufhängeband anbringen.

Geschenkanhänger „Sternenkarte"

1 Die Karte nach der Vorlage aus Fotokarton, die Sterne aus dem gestalteten Papier und Tonpapier ausschneiden.

2 Die Karte falten und die beiden Sterne aufkleben. Goldkordel in die Karte einlegen, außen an der Faltkante entlangführen und beide Enden verknoten.

Nikolaus

Material

- Sternchen-Wellpappe in Rot
- Fotokarton in Weiß, Hautfarbe
- Tonpapierrest in Rot
- Pompons in Rot, Weiß 20 mm ∅
- Wackelaugen, 18 mm ∅
- Strukturschnee

Vorlage B

1 Alle Teile nach den Vorlagen ausschneiden.

2 Mützenrand, Augenbrauen, Schnurrbart und Bart mit Strukturschnee verzieren: mit dem Zeigefinger die ganze Fläche betupfen und trocknen lassen.

3 Das Gesicht der Abbildung entsprechend ausarbeiten und den Pompon an die Mützenspitze kleben.

Teddys

Abbildung & Materialangabe Seite 10

1 Alle Teile nach den Vorlagen ausschneiden.

2 Die Gesichter der Teddys ausarbeiten und die Bären jeweils an der Tannenrückseite fixieren.

3 Sterne, Herzen, Päckchen und Nikolausstiefel auf die Weihnachtsbäume kleben.

Teddys

Material

- Sternchen-Karton in Grün, Rot, Weiß, Blau
- Tonpapier in Braun, Orange, Rot, Gelb, Weiß
- Wackelaugen, 6 mm ∅
- Motivlocher „Eiskristall“
- Filzstift in Schwarz
- Aufhängefaden

Vorlage C

Glocken

Material

- Styroporformen „Glocke"
- Seidenpapier in Weiß, Gelb, Orange, Rot
- Geschenkseidenpapier mit Teddymotiven
- Goldkordel
- Geschenkband
- selbstklebende Sterne in Gold
- Glitter in Gold
- Serviettenkleber
- Klebepistole

1 Seidenpapier in kleine Stücke reißen. Teddymotive aus der Geschenkseide ausschneiden.

2 Die Styroporform gleichmäßig und dünn mit Serviettenkleber bestreichen, erst die unifarbenen Seidenpapierschnipsel, dann die Teddys aufkleben. Falten glätten.

3 Nochmals mit Serviettenkleber überstreichen und Goldglimmer auf den feuchten Klebstoff aufstreuen. Trocknen lassen.

4 Die Glocken mit selbstklebenden Sternchen verzieren und oben mit der Klebepistole eine Goldkordel anbringen.

Auch andere Formen aus Styropor eignen sich sehr gut für diese Technik, wie zum Beispiel dieser kleine Kranz.

Tischdeko

Abbildung & Materialangabe Seite 14

Für **Sterne und Kugel** das weiße Seidenpapier in kleine Stücke reißen. Teddymotive aus der Geschenkseide ausschneiden. Die Styroporformen mit Serviettenkleber bestreichen. Erst die Seidenpapierschnipsel, dann die Teddys aufkleben. Falten glätten. Ausgeschnittene Teddys mit Serviettenkleber auf den **Windlichtgläsern** fixieren. Für den **Weihnachtsteller** grünblau verlaufendes Seidenpapier in kleine Streifen und Schnipsel reißen und mit Serviettenkleber auf den Pappteller kleben. Glatt streichen und ausgeschnittene Bärenmotive aufkleben.

Tischdeko

Material

- Styroporformen „Kugel", „Sterne"
- Pappteller
- Windlichtglas (für Teelichter)
- Seidenpapier in Weiß
- Geschenkseide oder Regenbogen-Seidenpapier mit Verlauf in Blau-Grün
- Geschenkseidenpapier mit Teddymotiven
- Schmuckband
- Serviettenkleber

Weihnachtsbaum

Material

- Fotokarton in Dunkelgrün
- Tonpapier in Gelb
- dünnes Papier in Weiß, z. B. Butterbrotpapier
- Wachsmalfarben
- Bleistiftspitzer
- Bügeleisen
- selbstklebende Sterne oder Paillettensterne in Gold

Vorlage D

Papier gestalten

1 Mit dem Bleistiftspitzer verschiedenfarbige Wachsmalstifte anspitzen und die Wachsflocken gleichmäßig auf dünnem, weißem Papier verteilen.

2 Ein zweites Blatt Papier darüberlegen und mit dem Bügeleisen, Einstellung „Baumwolle“, glatt bügeln. Die Papiere auseinander ziehen, bevor sie erkalten.

Weihnachtsbaum und Sterne

1 Den Tannenbaum und die Rahmen der Sterne nach den Vorlagen aus Tonpapier ausschneiden. Die Ausschnitte der Sterne am besten mit dem Cutter ausführen. Sternformen ohne Rahmen direkt auf das Wachspapier übertragen und ausschneiden.

2 Die Ausschnitte mit dem gestalteten Papier hinterkleben, den Weihnachtsbaum mit selbstklebenden Sternen oder Paillettensternen verzieren.

Nikolausstrümpfe

Material

- Fotokarton in Rot, Grün
- Tonpapier in Gelb
- Sternchen-Karton in Blau, Weiß

Vorlage E

1 Alle Teile vom Vorlagebogen übertragen und ausschneiden.

2 Ferse, Strumpfspitze und -bündchen aus Sternchen-Karton auf den einfarbigen Strumpf kleben. Beim Ausarbeiten der Rückseite oben jeweils einen 1 cm breiten Streifen aus Fotokarton als Aufhängung mit einlegen.

3 Sterne einschneiden und auf die Strümpfe stecken, eventuell mit einem Tropfen Klebstoff fixieren.

Material

- Sternen-Wellpappe in Rot
- Wellpappe in Gold
- Sternchen-Karton in Blau oder Rot
- Holzwäsche-klammern
- Tonpapier in Grün, Rot, Gelb
- Holzstreuteile, z. B. Kerzen, Teddys, Sterne, Geschenk-päckchen
- Engelshaar in Gold

Vorlage F

Serviettenhalter

1 Alle Teile nach der Vorlage ausschneiden. Den Tannenzweig fein einschneiden.

2 Motive auf der Wäscheklammer festkleben.

3 Mit Holzstreuteilchen und goldenem Engelshaar verzieren.

Faltsterne

Abbildung & Materialangabe Seite 22

Stern mit Teelicht

1 Nach der Zeichnung auf dem Vorlagebogen sieben „Himmel-und-Hölle"-Elemente aus Quadraten (7,5 x 7,5 cm) falten.

2 Die Teile der Zeichnung entsprechend an den grau gekennzeichneten Stellen aneinander kleben.

Kleine und große Dekosterne

1 Für den kleinen Stern ein Rechteck (15 x 7,5 cm) und für den großen Stern drei Quadrate (15 x 15 cm) nach der Zeichnung auf dem Vorlagebogen falten und kleben.

2 Jeweils einen selbstklebenden Goldstern auf dem Mittelpunkt fixieren.

Faltsterne

Material

- quadratisches Sternchen-Faltpapier in Rot, Weiß
- selbstklebende Sterne in Gold
- Teelicht

Vorlage G

Anleitung Seite 20

Teelicht bitte nie ohne Aufsicht brennen lassen!

Christbaumschmuck

Material

- Sternchen-Faltpapier in Rot, Weiß
- Sternchen-Karton in Rot und Blau
- Goldkordel

Vorlage H

1 Alle Teile nach den Vorlagen ausschneiden.

2 Spitze Tütchen formen und zusammenkleben. Seitlich einen Papierstreifen als Henkel anbringen.

3 Für die Glöckchen die Papierkreise bis zum Mittelpunkt einschneiden und nach der Zeichnung auf dem Vorlagebogen zusammenkleben.

4 Zwei Glöckchen auf einen Stern kleben und dabei die Kordelschleife gleich mit einlegen.

Lustige Schneebälle

Abbildung & Materialangabe Seite 26

1 Alle Teile nach den Vorlagen ausschneiden.

2 Das Gesicht ausgestalten: Einen Pompon als Nase und Wackelaugen aufkleben. Den Mund mit rotem Filzstift zeichnen.

3 Handschuhe auf die Arme und Stiefel auf die Beine kleben. Mit gestanzten Eiskristallen verzieren. Arme und Beine beim Zusammenkleben der beiden Schneeballformen mit einlegen.

4 Mütze mit Quaste oder Ohrenschützer fixieren. Weißes Füllmaterial als Haare aufkleben.

Lustige Schneebälle

Material

- Fotokarton in Weiß
- Tonpapier in Rot, Gelb, Hellblau, Hellgrün
- Pünktchen-Karton in Rot/Weiß, Blau/Weiß
- Füllmaterial in Weiß
- Wackelaugen, 12 mm ∅
- Pompons in Rot, 10 mm ∅, in Weiß, 20 mm ∅
- Motivlocher „Eiskristall"
- Filzstift in Rot

Vorlage I

Anleitung Seite 24

Weihnachtsmann

Material

- Schachtel, z. B. 11 x x 7 x 23 cm von Kosmetiktüchern
- Sternchen-Wellpappe in Grün
- Fotokarton in Rot, Weiß, Hautfarbe
- Moosgummi in Schwarz
- Wackelaugen, 16 mm ∅
- Pompon in Rot, 10 mm ∅
- selbstklebende Sternchen oder Paillettensterne
- Seidenpapier in Rot

Vorlage J

1 Das Geschenk in die Schachtel legen und die Schachtel in rotes Seidenpapier einpacken.

2 Alle Teile des Weihnachtsmannes nach den Vorlagen ausschneiden: die Mütze aus Wellpappe, Mützenrand und Bart aus weißem, das Gesicht aus hautfarbenem, die Ärmel aus rotem Fotokarton, die Schuhe aus schwarzem Moosgummi.

3 Mütze und Bart auf die hautfarbene Kopfform kleben. Den weißen Mützenrand anbringen. Augen und Nase fixieren. Auf das Geschenkpaket kleben. Sternchen aufkleben.

4 Aus weißem Füllmaterial kleine Kugeln formen und auf Mütze, Schnurrbart, Bart, Ärmel und Mantelsaum aufkleben.

Geschenkpäckchen

Abbildung & Materialangabe Seite 30

Alle Teile der **Kerzen** nach den Vorlagen ausschneiden. Das Geschenk in die Schachtel legen und die Schachtel in rotes Seidenpapier packen. Mit einem schwarzen Filzstift den Docht auf die gelbe Flamme zeichnen. Flamme und Tannenzweig mit Stern auf das Päckchen kleben.
Alle Teile des **Bären** nach den Vorlagen ausschneiden. Den Kopf der Abbildung entsprechend ausgestalten. Das Geschenk, z. B. ein Buch, in farblich passendes Geschenkpapier einpacken, Bärenkopf und Tatzen aufkleben.

Geschenk-päckchen

Material

- Geschenkpapier
- Tonpapier in Gelb, Orange
- Sternchen-Wellpappe in Grün
- Sternchen-Karton in Blau, Rot
- Moonrock in Braun
- Wackelaugen, 18 mm ∅
- Pompon in Schwarz, 20 mm ∅
- Filzstift in Schwarz

Vorlage K

Anleitung Seite 28

Impressum

ISBN 3-419-56270-5

Lektorat und Produktion:
Elke Fox, Freiburg

Styling und Fotos:
Christoph Schmotz, Freiburg

Covergestaltung und Layout-entwurf:
Network!, München

Coverrealisierung:
smp, Freiburg

Druck:
Freiburger Graphische Betriebe

Wir sind für Sie da, wenn Sie Fragen haben. Und wir interessieren uns für Ihre eigenen Ideen und Anregungen. Schreiben Sie uns, wir hören gerne von Ihnen!

Ihr Christophorus-Verlag

Christophorus-Verlag GmbH
Hermann-Herder-Str. 4
79104 Freiburg
Tel.: 0761/ 27 17-0
Fax: 0761/ 27 17-3 52
oder e-mail:
info@christophorus-verlag.de

Aus der Brunnen-Reihe

3-419-56163-6

3-419-56162-8

3-419-56164-4

3-419-56165-2

3-419-56161-X

Christophorus: Bücher mit Ideen

Neben der Auswahl aus der Brunnen-Reihe haben wir noch viele andere Bücher im Programm:

- Hobby- und Bastelbücher
- Bücher zu Trends und Themen
- Bücher für Kindergarten und Familie

Der neue Trend: Das große Servietten-Technik-Buch

Das große Familienbuch: Kunterbunte Kinderfeste

Die Reihe für Einsteiger: Christophorus Atelier

Wir informieren Sie gern – fordern Sie einfach unsere neuen Prospekte an.

- *Weihnachtliches aus Papier*
- *Kinderleicht und schön*
- *Bastelspaß für die ganze Familie*

Rund um Weihnachten

Lustige Schneeball-Kinder am Fenster, schöne Faltsterne für den Weihnachtstisch, Nikolaus und Teddy als Geschenkverpackung und festliche Glocken für den Tannenbaum. Dazu Karten und Geschenkanhänger. Da basteln auch die Kleinen schon begeistert mit!

DM 11,60
ab 1.1.2002
€ 5,90
ISBN 3-419-56270-5
9 783419 562703

Papier

Stufe 3

LESEMAUS zum Lesenlernen

Till Eulenspiegel und seine Späße

Annette Neubauer
Achim Ahlgrimm

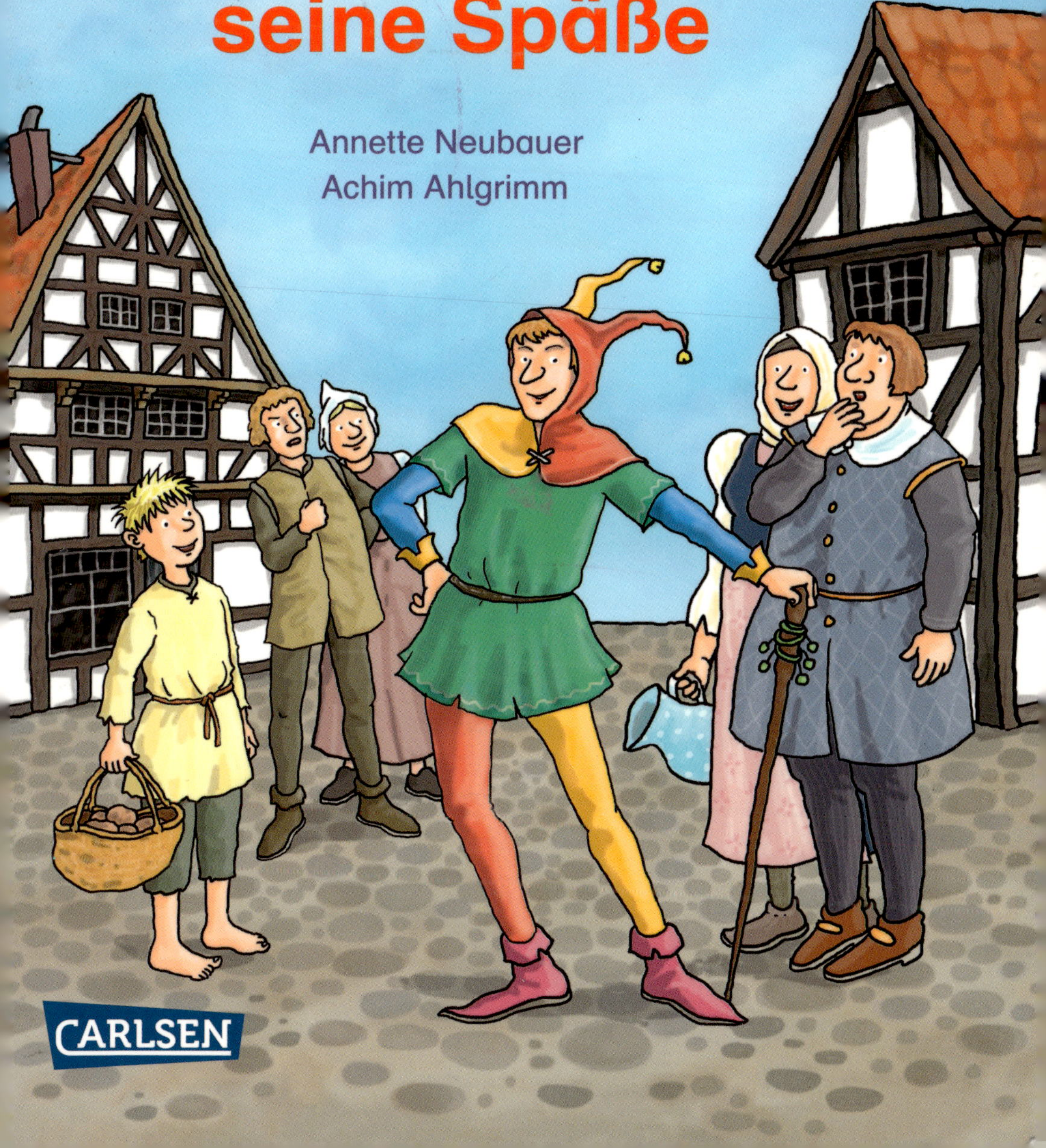

CARLSEN

Dieses Buch kann alleine lesen:

____

Liebe Eltern,

alle Kinder wollen Lesen lernen. Aber Lesenlernen ist nicht immer einfach. Es ist wie mit dem Fahrradfahren: Man lernt es nur durch Üben – also durch Lesen.

Lesenlernen mit der Lesemaus

Die Lesemaus zum Lesenlernen bietet spannende Geschichten für Leseanfänger. Mit Leserätseln können die Kinder ihre Lernerfolge spielerisch selbst überprüfen. Auf jeder Doppelseite können die Kinder „abhaken“, dass sie den Text gelesen haben. So wird der Lernerfolg förmlich sichtbar und die Motivation zum Weiterlesen noch größer – bis Ihr Kind am Ende stolz sagen kann: „Ich habe das ganze Buch gelesen!“

Lese-Spaß mit Lese-Pass

Je regelmäßiger Ihr Kind übt, desto schneller und besser wird es das Lesen beherrschen. Das Lesemaus-Trainingsprogramm mit Sammelpunkten erfordert nur kurze Leseeinheiten von 10 Minuten. Das Sammeln macht Kindern Spaß und motiviert sie von Anfang an.

Ihnen und Ihrem Kind viel Spaß beim Lesen und Sammeln!